Antonio Guerra Colón

Poemántico 5

Antonio Guerra Colón

Poemántico 5

Puquio

JustFiction Edition

Imprint

Cover image: www.ingimage.com

Publisher:
JustFiction! Edition
is a trademark of
Dodo Books Indian Ocean Ltd. and OmniScriptum S.R.L publishing group

120 High Road, East Finchley, London, N2 9ED, United Kingdom
Str. Armeneasca 28/1, office 1, Chisinau MD-2012, Republic of Moldova, Europe
Printed at: see last page
ISBN: 978-613-9-42679-9

De la fuente de la vida, al susurro del viento.

De la fuente de la vida, al susurro del viento.

De la fuente de la vida, al susurro del viento.

Poemánticos 5

De la fuente de la vida, al susurro del viento.

Pequeña biografía

Mi nombre es Antonio Guerra Colón

de Mayagüez Puerto Rico. Desde pequeño me interesaron muchas cosas, pero siempre me atraía escribir desde los seis años, lo primero que escribía fueron versos que los vendía a peseta en la escuela, luego a los diez años aprendí a arreglar enseres eléctricos, de electricidad, electrónica, entre otras cosas más, y de todo eso me ganaba algo, pero nadie me enseño, solo lo aprendí, también soy compositor, inventor y cuentista, todo se puede si hay interés, todo se logra, si lo intentas.

Puquio= Manantial

Próximamente: Proverbios puertorriqueños III

De la fuente de la vida, al susurro del viento.

En la vida todo pasa,
pero la vida continua;
por errores del pasado,
no dejes que afecte tu futuro.

De la fuente de la vida, al susurro del viento.

De la fuente de la vida, al susurro del viento.

Índice

401- Me gustaría II

Como me gustaría sentir tus labios
apretar tu cintura y tu cuerpo
abrazarte cada día,
y decirte lo que por ti siento.

Decirte, que eres mi aliento
que suspiro por estar contigo,
besarte vida mía,
y que tengas siempre mi amor divino.

Me gusta hablar contigo
y llenarte de mí sentir
para que sientas mi latir
y pueda estar contigo.

Tú serás mi dulzura,
a quien quiero besar
en eso labios hermosos
y me gustaría ver tu caminar.

Eres hermosa y radiante,
me gusta contigo estar
amarte toda la noche
y sé que te hare cantar.

402- Yo soy tu querer

Déjame ser tu payaso
el que te haga reír
aunque tenga tristezas
lo que quiero es verte reír.

Quiero ver tu sonrisa cada día
y que alegre siempre estés
quiero verte feliz vida mía,
quiero siempre ser tu querer.

Alegra tu vida, aleja tus penas
llénate de gozo y de alegría
verte feliz cada día
eso me hace sentir feliz.

No hagas caso a los demás
yo sé, que estoy feliz contigo
y que seamos felices,
para siempre cariño mío.

Se feliz, y vive la vida
junto a mí, vida mía
vamos a sonreír
y que seamos una sola vida.

403- Tu amor es grande

Quiero ver tus ojos
esa mirada que enamora
tus ojos proyectan amor
eres una muchacha encantadora.

Reflejo de amor hay en tu alma
es lo que noto al verte
un buen corazón, humilde
eso es lo que veo en ti presente.

Mucho amor hay en tu mirada
y me da sensación de besarte
hay algo en ti hipnotizante
que paralizan mis sentidos.

No hay mucho dolor en tu vida
pero sé que has sufrido,
muchas desilusiones
y muchos falsos amigos.

Perro veo en tus ojos,
que eres perseverante
eres bondadosa y de buen sentir
y tienes un amor sumamente grande.

404- Solo contigo II

Eres la cosa más linda
la niña más bella,
la loquita de mi vida,
más linda que las estrellas.

Que bien me siento contigo
que alegría estar junto a ti
verte todos los días
y ser solo para ti.

Como sentir al viento a galope
que tu vida me refresque
sentir en tus labios
un fuerte torniquete.

Que perfección eres para mi
eres la que admira mi ser,
eres mi niña, mi novia, mi amante
para siempre te quiero tener.

Tu eres quien alivia mi dolor
y no quiero que estés triste
siempre quiero verte sonreír
y conmigo quiero unirte.

405- Mi manjar

Yo quiero sentir tus caricias
quiero sentir tus besos
abrazarte todo el día
y morderte como el queso.

Saborearte todo tu cuerpo
y que tu piel sepa a mango,
para chuparte hasta la pepa
y mezclarte con arroz.

Que manjar de fruta eres
que deleite poderte lamer
ese cuerpo de caramelo
envuelta en menta de papel.

Tus labios como de mantecado,
tu cuello sabor a caviar,
tus labios a malvaviscos
y lo demás lo quiero saborear.

Tu eres todos mis sabores,
tu eres mi manjar,
tu eres de coco, de piña, de mango
tu eres mi manjar.

406- Aléjate de mí

Dejaré mis lagrimas pasar
que se deslizan por mis mejillas
caerán por dolor y tristezas
y llegarán a la alcantarilla.

Viajarán por un mar des trecho
donde hay ráfagas y desolación
pero no me humillaré a tu lado
si tú decidiste esta separación.

Esas serán las últimas lagrimas
ya no sufriré más por ti
seguiré mi camino
y que sea lejos de ti.

Traicionaste este amor
por puros caprichos
tantas veces que te lo he dicho
pero tú quisiste ese camino.

Ese camino no tiene reversa
ya no vuelve por lo dejado
no estarás a mi lado,
y tendré un nuevo destino.

407- Amor del bueno

Yo no te bajare la luna,
ni las estrellas del cielo,
ni tendrás una mansión,
ni lujos, ni brillantes enteros.

No tendré un buen trabajo,
ni carros, ni botes
pero tengo un buen corazón,
para dártelo sin reproche.

Se que lo aceptaras
por eso te he escogido
bello son tus sentimientos
y por ti, mi corazón ha latido.

Se que eres la adecuada
para siempre junto vivir,
vivir de estos lujos
que el dinero no puede conseguir.

Algo que sea duradero
un amor sin igual,
amor puro y genuino
que no se puede comprar.

408- Mala decisión

Ya no hay más que decir
ni novia, ni amiga, ni amante
solo recuerdos de dolor
y mi corazón ya no late.

Eres la vampira que chupo mi sangre
la que me dejo sin alientos
que me diste ternuras venenosas
ahora mi corazón llora y sufre.

Me engañaste con tu belleza,
me sedujiste con tu hermosura
con tu cuerpo tan sabroso
ahí fue donde perdí mi cordura.

Valore más la belleza
que los sentimientos y la alegría
solo por tus destrezas
perdí lo que tenía.

Ya entendí que la belleza
no es importante en la vida
los sentimientos y el amor
valen más que la belleza misma.

409- Amaste más lo material

Que ilusiones tenia de tenerte
y de que estuvieras conmigo
pero tu respuesta fue que no
y que, en mi corazón, no podría estar.

Bueno, esa fue tu decisión
que te valla bien en la vida
no deje que mancharas mi amor
por palabras soeces y vacías.

Pensaste que era como los demás
que te daban lo que quería
yo te ofrecí amor del bueno
y eso no era lo que querías.

Querías lujos, carros y joyería
y yo nada de eso te daría,
tu nunca comprenderías
que nada de eso yo tenía.

Lo que yo busco es amor
Sí, tu no lo tenías,
amaste lo material
y de sentimientos nada tenía.

410- Yo soy así

Ya no me quiere, ya lo se
vacías son tus palabras,
no me dices lo que por mi sientes
y creo que no me quieres.

Si no me quieres, dímelo de una vez
porque alargas lo inevitable
dime si me quieres de una vez
y déjame vivir, no seas arrogante.

Me quieres para ti, pero no me quieres,
quieres jugar con mis sentimientos,
pero, querida lo siento
no jugaras con ellos, lo siento.

Lárgate de mi vida
porque yo tengo quien me quiere
no por lo que tengo, sino por lo que soy,
no seas egoísta, lárgate, ya vete.

Querías tener a dos a la vez
pero yo no soy de esos,
mi vida continua, sigo adelante
y te quedaste con el desprecio.

411- Rata callejera

Lo que sentía por ti, se acabo
se fue lejos de mi alma, se esfumo
por culpa de tus mentiras
este amor se terminó.

Confié en ti mucho
y me has decepcionado
eres una réplica mala
de un ser humano.

No tienes compasión, ni amor
tu amor es en vano,
como agua de pantano
eres más mala que el veneno.

Pero seguiré mi camino
y no mirare a tras
voy al hospital y me vacuno
y te dejo triste en soledad.

Así tú lo quisiste, rata callejera
deambulas por carreteras
buscando que comer
y solo has encontrado puro pellejo.

412- Al olvido

Ya no tengo porque sufrir,
no tengo porque llorar,
me aparte de lo malo
ya no te quiero recordar.

Como manzana que cae
y se llena de gusanos
así eres tú, caprichosa
venenosa de cabeza a rabo.

Te perdiste en la lujuria
de querer tener tantas cosas
yo te ofrecí amor,
pero eres una vanidosa.

A personas como tú las dejo ir
solo son un estorbo
de los demás esta para reír,
como las tumbas, llena de polvo.

Pero, perdiste mucho y no lo sabes
un amor puro y genuino,
pero tu egoísmo fue más pesado
que se enterró en la tierra y sin la llave.

413- Traicionera

Se han caídos mis alas
las has cortado de raíz
con tu espada afilada
porque me traicionaste así.

Te di todo lo que querías
casa hijos y amor
que te ha pasado vida mía
porque hay en ti, tanto dolor.

La ambición es algo muy fuerte
que te domina la mente y el corazón
te fuiste lejos de repente
y te apartaste de mi amor.

Ahora regresas, después de tanto gozar
paseaste por el mundo y te fue mal
a mí no regresaras gata callejera
conmigo ya no podrás estar.

Mis alas ya crecieron
y un verdadero amor pude encontrar
que no se interesa en el dinero
y mucho amor me supo dar.

414- Ya se fue

Si me dejaste, sin motivo
ya no volverás a mi
el amor que te tenia
al olvido lo deje partir.

Si me dejaste por estupideces
y no me supiste valorar
no vuelvas a mi lado
que no te voy aceptar.

Eso de estar confundida,
no va conmigo
te quedaras en el olvido,
te quedaras alborotada.

No lo sueñes, conmigo no estarás
eso de darnos tiempo, un suspiro
no cuentes con eso,
ya todo llego a su fin.

Déjate de changuería
y madura de una vez
que yo no estoy para juego
y que tu oportunidad, ya se fue.

415- Ya perdiste

Mi mirada esta triste
por tu dura ambición
que muchacha, más indecente
no hablaste con precaución.

Esas fueron tus palabras
que no quisiste saber de mi
quisiste ser una diosa
y lo que fuiste, fue una lombriz.

Así fuiste una culebra de tierra
alimento para los buitres
que infeliz eres ahora
decisiones de tu insensatez.

Por estar pescando fuera del agua
te usaron como carnada
envenenando tu mente
y te quedaste atrapada.

Por tus amistades envidiosas
celosas por lo que tenias
te embaucaste en sus redes
y perdiste lo que tenías.

416- Te dejaste llevar

No me llores, no me busques
ya no hay nada más que hacer
sí me dejaste por otro
ese será tu padecer.

Perdiste algo valioso
un amor y una amistad
no pienses en volver
quédate en la soledad.

No tendré lastima de ti
tampoco te deseo lo peor
pero no podrás volver
porque fue mala tu traición.

Ahora piensa bien, en tu nueva vida
y no cometas el mismo error
te dejaste llevar por los chismes
y perdiste un buen amor.

No te dejes llevar or lo que te digan
averigua, se sensata
hablando se entiende la gente,
no estés pendiente en chismes que dice la gente.

417- Solo tu culpa

Sí, dijiste que me amabas
que nunca me mentirías
ahora te ahogas en tu agonía
pensaste que conmigo volverías.

Que mal has pensado,
yo no soy niño de estantería
sí pensaste que de mi te burlarías
no has pensado bien, te falta sesos, sabiduría.

No soy niño, tampoco juguete
y con los sentimientos no se juegan
creíste que me doblegaría
pues no, tu sentencia llegaría.

Ahora lloras y te lamentas
gritas, sufres y llora
como una loca, como morona
te atrapaste en tus propias redes.

Fuiste débil y egoísta
de las emociones te dejaste llevar
perdiste tus memorias
y de lo malo te dejaste atrapar.

418- Elogios

Ya no me digas amor
ni cariño mío, ni mi vida,
no me digas más corazón,
no me lo digas más, no me lo digas.

Tu no quedas nada de mi
somos solo amigos,
no me digas más amor
que me enamoro de tu cariño.

No me digas más cariñito,
no me gusta que me lo digas
yo no soy tu vida,
que no, me molesta que me lo digas.

¿Creo que ni tu novio te dices cosas lindas?
cuando extrañes esas palabras
espero que no sea muy tarde
cuando llegue ese día
donde la alegría de ti se aparte.
Es bueno sentir elogios
vengan de donde vengan
si todo es con respeto
no importa de dónde provenga.

419- Hierva venenosa

Tu castigo será pronto,
tu traición fue cobarde,
mi amor despreciaste,
mi cariño, dejaste aparte.

Dolorosa como aguijón venenoso
como dolor de una quijada
perversa y mentirosa,
pero salió mala tu jugada.

Eres como aceite quemado
como serrín de la madera,
tu cara, como de una moneda
con doble filo, de doble cara.

Tu jugada te saldrá cara
y será tu descontento
tu maldad es tu amuleto
que te persigue hasta tu entierro.

Es así es tu caminar
de maldad letal,
a nadie más vas a engañar
y en perdida será tu amanecer.

420- Veneno mortal

Si lloro, no es por ti
es que me siento feliz
de que te fueras de mi lado
y te apartaras de mí.

Como me gozo, en este día
de que de ti ya me aparté,
mi mente desperté
por lo que mi corazón sufría.

De tanto dolor y agonía
se ha perdido mi querer
más dañina que el alacrán
tu veneno, toxico mortal.

Pero de ti, nada quiero tener
ni tus recuerdos, ni tu sonrisa
que tu maldad se la lleve el viento
y tus recuerdos queden en cenizas.

Ahora tengo mejores caricias
mejores besos y abrazos,
un perfume nuevo en mi cuerpo
fragancia dulce grata.

421- Contigo II

Te acuerdas cuando te conocí
esa sensación de vez primera
como flor de una primavera
encantadora en cada ocasión.

Que hermosa eres mi primor
que suaves son tus caricias
como el sol que da su risa,
al tener la luna en su rincón.

Que dulce sensación
es sentirte cada día
amarte, es mi alegría
y desearte mi pasión.

Para sentirte en cada ocasión
y vibrar en tu cuerpo
como batidora o lavadora
esa sensación quiero sentir por dentro.

Qué bueno es estar enamorado
y ser correspondido,
sentirse amado, vivo
y travesuras hacerlas contigo.

422- Malvada

Ya no hay destellos en mis ojos
esa luz, ya se apago
las fundiste con tus engaños
por tus mentiras y engaños.

Eres como cuentos de hadas
que todo es pura ficción
engaños y mentiras
tu eres solo una distracción.

Como montaje de feria,
eres la atracción del desengaño
que difundes malas ideas
y que quemas el vecindario.

Como alfabético o de calendario
tú, tienes todos los males
y ha sido difícil definir
cuál es tu encaje.

Pero lo que se apaga, vuelve a brillar
con un amor puro y verdadero,
ya llego mi ocasión
de ver brillar mi sendero.

423- Malas decisiones

Ya te he olvidado
no sueñes que pienso en ti
el olvido fue de inmediato
no busques esperanzas en mí.

Eso de cariño, ya no va conmigo
ni mi corazón, ni mi amor
esas palabras ya no me hipnotizan
porque ya no siento nada por ti.

El engaño, es la peor traición,
la mentira su prima cercana
eres la semilla mal sembrada,
que muere envenenada.

Sin agua, ni sol
ya no tienes quien te ayude
la soledad, será tu cruz
y tus mentiras tus quebrantos.

Esa fue tu decisión
cambiaste amor, por ilusiones
te quedaras con esas visiones
y amargada siempre estará.

424- Nada seré de ti

Se apago el fuego de la pasión
ese amor que había en mi
no hay carisias, se fue el fogón
se acabó la melodía de esta canción.

Se decayó el encanto,
se perdió la pasión,
se fue lejos en un avión
allí se fueron mis esperanzas.

Como caída en cataratas
se hundió, se desapareció,
en un abismo profundo
esa fue la conclusión.

No hay nada, ya no hay mas
se perdió para siempre,
no habrá más regreso,
ya se acabó la canción.
No hubo ni cenizas
y jamás no habrá nada
ya sonó la campana,
no habrá más melodía
en esta humilde morada.

425- Te dejaste engañar

No es posible que te crea,
de tantas mentiras, que abruman mi mente
no soy el mismo, ya soy diferente
ya no te tengo, ya no estas presente.

Ya eres, para mí, diferente
como montaña del gran cañón,
perdida en desolación
tu amor es insuficiente.

Ya no tienes en tu mente,
ni pisca en tu corazón,
de amor y sentimiento,
has perdido tu valor.

Como pozo en agua estancada
llena de ácido sulfúrico,
has caído muy profundo
y no hay podido salir a flote.

Y como fuiste un monigote
dejándote llevar por los demás
a mí no volverás jamás,
ya no estarás a mi lado.

426- Te equivocaste

No siento más tu aroma,
no percibo tus caricias,
no me dices que me amas,
ya no siento tu perfume.

No siento tu calor,
ya no siento tus caricias
amargado quedo mi corazón
se ha ido con la brisa.

Tu presencia me causa risa
crees que por ti vas a llorar
te has vuelto a equivocar
no eres nada, eres triza.

Cuando uno cae, se levanta
y no vuelve a cometer el mismo error
pero a ti te ha ido peor,
a mi vida ya no aterrizas.

Ya no seré tu autopista
tu querer no volverá aterrizar,
perdida estarás en alta mar
ya no serás nada baby, hasta la vista.

427- Confiado II

Nuestras miradas ya no se cruzarán
todo quedo en el limbo
no siento tu cariño
ya no soy el mismo.

Por causa de tus caprichos
mi interés por ti se desvaneció
fue perdiendo tu carisma
se acabó el amor de la pasión.

Las cosas no serán las mismas
mi interés en ti se perdió
no resucita, ni con un exorcismo
ya todo se desvaneció.

Volví a creer en el amor
y fracase nuevamente,
que pasa por mi mente
que no puedo comprender.
Sera que ya no tengo esperanzas;
pero llegara alguien que me comprenda
y que reviva mi bondad
resucite mi corazón herido
y que se vuelva a enamorar.

428- No me detengo

Por ti daría la vida
pero ya tú la acabaste
en un día la destruiste
y al otro día me abandonaste.

Si así lo quiso e l destino
tengo que vivir con eso
no volver a cometer el mismo error
y mi corazón quede libre, no preso.

Al pan ponle queso
y a la vida alegría,
sí contigo me casaría
que dolor yo tendría.

A veces es bueno,
que la vida siga su rumbo
para no ser un vagabundo
y en la caída, te des duro.

Defender siempre un amor
pero no matarse por ello
estar libre en una relación
y alumbraras siempre el destello.

429- Lo que me provoca

No, no quiero de tu amor
veneno hay en tu boca
que enveneno mi corazón
eres una perversa, una loca.

Eres una demente, una tonta
que te creías importante
con buenas caderas, con buenas pompis
te creíste poderosa.

Pero, aunque me provoques
no busco eso en una mujer,
la inteligencia es un placer
es lo más que a mí me toca.

Que sea bonita y cariñosa
gordita, flaquita, negrita buena moza,
que sus sentimientos sean genuinos
eso es lo que más me provoca.

Sus ojos que muestren ternura
amor y mucha pasión
que sea su atracción,
que esté llena de amor, eso me provoca.

430- Que falsa

Han ocurrido tantas cosas
que el perdón ya se escaseo
no hagas más plegarías
que el perdón ya se terminó.

Las caricias que me distes
fueron falsas y pobres
le faltaba carisma,
olían a cobre.

Que falso fue tu amor
engañoso y traicionero
como barco de marinero
se fue sin timón.

Despreciaste mi calor
me llenaste de angustia
pero, me libre de tu traición
ahora estoy bailando cumbia.

Detesto la traición,
mucho más la mentira
como borracha en la cantina
tus palabras son como el ron.

431- Una respuesta

Me enamore, ¡sí! me enamore
de mi mejor amiga, me enamore
que nunca se lo dije
y su amor lo pude tener.
Qué difícil es decirle lo que siento
cuando ella no quiere nada mas
y decirle lo que siento,
puedo perder su amistad.
Que me gusta su sonrisa
y ese lindo caminar
decirle cosas bonitas
que me gusta su lunar.
Viendo en mi celular
esperando que se conecte
que quiero hablar con ella
y decirle lo que mi corazón siente.
Cuando la tenga de frente
decirle lo que por ella siento
es una oportunidad
espero estar en lo correcto.
Es mejor decirle lo que siento
aunque seamos solo amigos
pero si ella me acepta
eso sí, sería divino.

432- Presumida

Te fuiste con otro
pues, quédate con el
sí me déjate sin motivo
conmigo no vas a volver.

Serás como la huérfana
y será triste tu mirada
pensaste que por ti pelearía
estaba bien equivocada.

Yo no peleo por mujeres
sino me quieres, pues vete
si no quieres pelear por este amor
empaca tus maletas y desaparece.

Yo estoy por amarte
en las buenas y en las malas
pero si juegas con mis sentimientos,
coge una pala, la escoba y vuela.

Para que cabes un hoyo,
no creas que eres importante
ni, aunque estés bien dotada;
date la patada y entiérrate.

433- Así me hizo Dios

Mucho se ha escrito de mi
y deliran por mi belleza
mucha es mi grandeza
que celos tienen de mí.

Así es este subsistir
que vivimos en este planeta
si la belleza me hace lucir
se enfurecen porque soy reina.

Si tengo hermosos ojos,
bella mi cabellera
si Dios me hizo así
sin cirugía, sin anestesia.

Pura, como aceite virgen
de buen corazón y sentimientos
si te da envidia mi atractivo
tiene que ser algo al respecto.

Porque yo no me vanaglorio
ni busco en nadie defecto
si Dios me hizo así,
el sí es perfecto.

434- Se esfumo II

Se fue la sonrisa de mis labios
la alegría de mi rostro
hay llanto en mi corazón
ya no hay nada entre nosotros.

Se esfumo como el humo
en todas partes se disperso
en lo profundo del abismo
allí todo quedo.

No habrá más esperanzas,
ni llanto, ni calor
el quebranto está atrapado
entre el fuego y el dolor.

Todo quedo en separación
llego todo al limbo
perdido esta mi corazón
mi alma tiembla como un sismo.

Como carreteras agrietadas,
como montaña en su coalición,
perdido entre nada,
así quedo este amor.

435- Ser el primero

Perdona, pero no quiero limosna
quiero todo de ti,
si vas a estar conmigo
que tu amor sea solo para mí.

No quiero ser primera base,
ni segunda, ni tercera
quiero ser tu jonrón
y ser yo a quien desea.

Quiero ser el primero en tu lista
el primero en tus sueños
en tus pensamientos, mi sonrisa
y en tus recuerdos, ser tu deseo.

Embriágate de mis locuras
envuélvete en mi piel
que sea yo tu príncipe
y siempre serte fiel.

Porque yo seré tu camino
seré tu sendero, seré tu luz,
amarado a tu cuerpo; a tu corazón
tú serás mi adoración
donde estoy yo, ali estarás tu.

436- No siento nada

Ya no siento tus caricias,
ya no siento tus besos,
ya no siento tu amor
solo siento desprecio.

Ya no siento tu calor,
ya no siento tus dedos,
ya no siento tu sabor
ni tampoco tus deseos.

Ya no siento tu cariño,
ya no siento tu pasión,
ya no siento tus cosquillitas
las que alegraba mi corazón.

Ya no siento tu carisma,
ya no siento tus deseos,
ya no siento tu mirada
ni tu humildad, eso tampoco lo veo.

Ya no siento nada
todo quedo al olvido,
ya no siento nada
ni amistad, ni un poquito.

437- No seré tuyo

Ya no sufras más, amor mío
que mi amor no te pertenece
has dejado de quererme
no te confundas, no soy un crio.

Te crees que por ser humilde
no se de sentimientos,
te equivocaste, lo lamento
yo estoy construido en mis cimientos.

Capacidad sabiduría tengo,
tengo maña y tengo fruto, tengo mis atributos
no soy niño, tampoco bruto.

Despierta, no estés en luto
que tu mente se encierra
en una sola visión;
sin pensar, ni tener acción
ya yo sé quién es el bruto.

Alerte tu mente, ponle acción
de las apariencias no te dejes llevar
sin leer el libro entero, no opines,
primero aprende a observar.

438- Rumbo desconocido

En el rio se fue tu amor
rumbo al fracaso
se dispersó en diferentes lugares,
del odio te diste un trancazo.

Te lo bebiste como tequila,
ese trancazo, fue muy fuerte
te emborrachaste y no estabas consiente
que fuerte, ya no vives.

Solo existe tu desprecio,
tu rumbo a lo desconocido,
te embotellaste en el profundo nido,
que perdida estas, que lamentable.

No me quisiste escuchar
y te inyectaste el veneno
de la ambición y de la codicia
ya tu mente no tiene conciencia.

El dinero hace falta,
pero, no es todo en la vida
muchos lujos sin disfrutarlos
es como caminar sin rumbo alguno.

439- Tienes tiempo

No fue difícil olvidarte
por qué tu cariño no fue sincero
se ha convertido en cero,
pero así en el destino.

Como hilo, del más fino,
como al filo de un papel
doloroso será tu destino,
irritante, será cruel.

Como espina será tu camino
y tu caminar será doloroso
como la piel de leproso, ese será tu destino.
Si sigues por ese camino
y no quiere ver tu caminar;
libera tu angustia,
quita de tu corazón el dolor
y libre, ya serás.

Tendrás la harmonía
paz y mucha alegría
sabrás lo que es tener amor
y aléjate de las personas negativas.

440- Solo para ti

Se oculto la noche, se ocultó el sol
ya veo la luna veo su atracción
gran belleza, como tú lo eres,
en tus ojos yo veo esa emoción.

Perplejo quedo yo, con admiración
por qué tu mirada me enloquece
es como un jardín de flores
que me llena de admiración.

Quiero que seas mi enamorada,
la alegría de mis días
tu mirada me enloquece cada día,
quédate en mi cuerpo atrapada.

Que yo sea tu morada;
que quiero besarte cada día,
que gran amor refleja tu mirada,
mi corazón retumba de alegría.

Esa mirada es mía
porque te escribí esta poesía
que tu amor para siempre seria
junto al mío, donde viviría.

441- Aléjate

Se fue junto al viento
lejos de mi ya se fue,
se fue lejos para siempre
del dolor ya me curé.

Una agonía que abrumaba
se desplazaba por mis venas
corrompía como cadena,
ya no sentía, ya mi alma.

Una tormenta, un ciclón
era lo que pasaba por mi vida
me llego la gran depresión,
ni amparo yo sentía.

Por culpa de un amor
que dijo que me quería,
pero no era lo que sentía,
eran puras habladuría.

Así que bien, me alegraría,
al despedirla de mi vida
si no me quieres, pues vete,
que yo seguiré con mi vida.

442- Lo dudo mucho

Si te odio, no, no te odio
pero espero que estés lejos
y que no vuelvas a verme,
que te quede con tus piojos.

Aquellos que dicen ser tus amigos,
yo no peleo, adiós vete,
no quiero estar en tu laberinto
de prejuicios y traiciones.

Lo que siembras cosecharas
y tus hijos lo lamentaran
por tus absurdas ambiciones,
de tus frutos comerán.

No habrá marcha atrás
porque lo que está hecho, hecho esta
podrás cambiar tu vida
pero lo que hiciste, así quedara.

De que te perdono,
quizás, a lo mejor, puede ser
pero, volver contigo, otra vez
lo dudo mucho, que pueda suceder.

443- Contigo estaré III

Ahora sé que te amo
y que me llenas de emoción,
por ti daría lo que fuera
eres, la que me has robado el corazón.

Andaba perdido y sin rumbo
y no tenía consolación
pero me viste con ojos gratos
y alegraste mi corazón.

Me sentí lleno de esperanza
una alegría sin calcular
ahora quiero tus labios besar
y estar siempre a tu lado.

Me siento muy enamorado
y mi corazón late sin cesar
me alegro de que me tengas
en tu vida atrapado.

Rico como una limonada
es un amor que no sentía
has resucitado mi vida
y por siempre tú serás mi alegría.

444- Conmigo no

Se caso la soledad,
se casó con la tristeza
la amargura llego a su tumba
y mi corazón tubo pobreza.

Fue gimiendo el destino
la muerte agoto su hoz,
el viento volvió a tras
llego alto hasta el pino.

Confundido en dos caminos
agota el viento sin cesar
como barco en alta mar
caen rayos, centellas y truenos.

Como serpiente con su veneno
ligera siempre, para asechar
una víctima, para atrapar
ese sería su consuelo.

Pero el sabio con su consejo,
bebe tal para cual,
mi alma no vas a tocar,
esta protegida por el gran supremo.

445- Arriesgarse

Ya el reloj no me funciona
el tic tac se está deteniendo
como brisa del mar corriendo
las piezas se están deteriorando.

Se oxidas, se van corrompiendo
por falta de uso, pierde su sazón
como agua caliente en un tazón
cada día se va evaporando.

Cuando tiene frio, no tiene calor,
y en su calor se derrite
las piezas, como salitre
ya pierde su calor.

En abandono mi pobre corazón
cansado de esperar a la indicada
nadare como pez en el agua
y la que atrape, con esa me casare.

Los errores se cometen una vez
y se aprende de lo ocurrido,
por tanto, lo cometido
solo se vive una vez.

446- Amigos íntimos

Estoy aquí esperando
una decisión tuya
dime si quieres estar conmigo,
o eres el trompo o la cabuya.

No juegues con mis sentimientos,
no soy juego de canicas,
no soy arfil de ajedrez,
no soy yoyo, que encabuya y tira.

Piénsalo bien, vida mía
que no esperare mucho por ti
dímelo, si estas para mi
o es para mojar, liberar el rato.

Pero como no estoy para al garabato
canica al hoyo podemos jugar
si solo es para disfrutar
dímelo, que no me valla a enamorar.

pasarla bien eso sería bueno,
amigos íntimos, que bueno es
sin destino que recorrer,
sin atarnos a compromiso.

447- Aprovechada

No más lejos que la distancia
se enfoca mejor el amor
la distancia es lo de menos
cuando se ama de corazón.

Que importa la edad
si en verdad se quieren
que sea amor a conciencia
y que no sea una consecuencia.

Si eres mayor y con madurez
amar, quien te lo impide
si los sentimientos coinciden
aprovecha, es una experiencia más.

Lo mejor es que no vas a preñar,
ni tampoco hijos realengos
pero siempre es bueno aclarar
y valorar los sentimientos.

Hablando bien y con respeto
un amor puede encontrar
lo que encuentras lejos,
muchas veces de lo cerca, no vale na.

448- Un buen momento

Muchas veces te digo que estoy bien
pero mi corazón, esta triste, muy triste
mis lagrimas caen de prisa
y se enmudece mis labios.

Porque eres mi amiga
y de ti estoy enamorado
quiero sentirte a mi lado
y que en tu corazón quede atrapado.

Quiero sentir tus manos y tu piel
abrazarte a cada rato,
que siempre este a tu lado
y que en tu cartera este mi retrato.

Hablarte y sin decir lo que siento
es como el aire de un globo
tarde o temprano se vacía,
como decirte que te quiero
y que seas solo mía.

Arriesgarme sería el remedio
a ver si la suerte me acompaña
es mejor decírselo ahora, y no mañana.

449- Una oportunidad

Se ha intentado muchas veces,
he intentado de olvidarte
pero cada vez que lo intento
lo que hago es recordarte.

Ver en mi celular conectarte
y ver tus fotos en tu perfil
no se si soy masoquista
o es que en verdad muero por ti.

De que me gustas, sí que me gustas
y lo que siento por ti es real
mi corazón a tu lado he de atar
y estar en tu alma encantado.

Yo quiero estar siempre a tu lado
deja que entre mi amor en ti
no jugare con tus sentimientos
tu amor quiero sentir.

Deja lo que te atormenta a un lado
alégrate, vive, rie, goza,
deja que te haga feliz
quita esas cadenas y vive junto a mí.

450- Los robadores

A veces los poetas son como los políticos
roban, defraudan y traicionan,
son odiados por muchos
y criticados por millones.

A veces somos un vacío
como globos que tiran al aire,
no importa que sufran
o que su vida sea miserable.

A veces somos como horno al fuego
y las palabras hieren y matan
no miden sus palabras
y a los sentimientos desbaratan.

Pero para los gustos los colores,
y de los perfumes sus olores,
poetas somos muchos
unos falsos, otros traidores.

Otros te plagian tus escritos
sin vacilar y sin razones,
como cangrejo, como ratones
así son muchos los estafadores.

451- No conmigo

Eres un libro que ya lei
donde se repite la misma historia,
páginas, tras paginas descubrí
que eres lo mismo que las demás.

Como cotorra en su jaula
que repite todo lo que escucha,
así son muchas, vagabundas
que destruyen todo a su paso.

Eres como fango de pantano
hambrienta de malicias
buscando a quien devorar
tu mente está llena de lombrices.

Eres como lagarto rastrero
que busca devorar todo a su paso
eres como un viejo sapo
que suelta siempre su pellejo.

Pero yo, ya te conozco
y conmigo no jugaras
tus garras no me atraparan
soy como el águila que vuela lejos.

452- Eres todo para mi

Eres la pintura perfecta
la musa de mi arte,
la creación más divina
solo a ti puedo amarte.

Eres el sol de mi alegría,
eres el carisma de mi ser,
eres el café de cada mañana
y chocolate al anochecer.

Eres tú, mi diamante,
perla preciosa eres tu
sentirte cada día,
mi gran belleza, eres tú.

Sentirte noche y día,
eres lo más grande para mi
amarte con locura
y que sea siempre mi vivir.

Eres la rosa perfecta
las reinas de las reinas,
de toda, la más hermosa
eres mi diamante, mi rubí.

453- No insistas

Te escribo y lloro y no lo ves,
veo tus fotos y lloro y no lo ves
sueño contigo, me muero por ti,
te digo que te amo y no me quieres nada decir.

Dime vida mía, qué más puedo hacer;
amigo no sigas más, no siento lo mismo por ti
solo quiero ser tu amigo,
pero mi amor no puede corresponder.

Tendrás que reflexionar
y quitar esa obsesión de tu mente
y deja libre ese querer.

Solo tu amiga puedo ser
porque mi amor pertenece a otro
y a él lo quiero como loco,
amigo ya deja de insistir.

Porque me perderás como amiga
y no sabrás nada de mi
quítame de tu conciencia,
te aconsejo que lo dejes así.

454- Pedazo de cielo

Ayer soñé contigo, hoy también
siempre recuerdo tu hermoso rostro,
tu hermosa sonrisa, tu rostro,
al verte me haces sentir feliz.

Me haces sentir muy bien,
al besarte en cada mañana,
tocar todo tu cuerpo, tu eres mi gitana.

Que gozo siento por dentro
al sentirte cada día
besarte de abajo arriba
llenarte de mí.

Eres preciosa para mí,
ers la novia que yo quería
amarte por toda la vida
y que yo sea para ti.

Ahora vivo junto a ti,
ahora no sueño mucho,
ahora me desvelo,
dándote mucho cariñito,
eres tú mi consuelo.

455- Toda la vida

No sé cuántas veces me han roto el corazón,
me han hecho promesas y me han engañado
ya no aguanto más este dolor,
sufro cada día, pulsada en mi costado.

Dolor a cada instante
sufrimiento y no alegría
como vagabundo en callejón
así es mi triste vida.

Como desechos tóxicos
lamentos a cada día
no logro entender,
porque escribo tantas poesías.

Ya eso a muchos no provoca
solo dinero y algarabía,
soy un poeta rechazado
qué triste, que ironía.

Pero a los que no saben cultura,
y viven en una burbuja cada día,
el dinero va y viene
pero la poesía es para toda la vida.

456- Aprende II

Sí, ya lo sé, que no me quieres
que no me escribirás más,
que me has bloqueado los mensajes
que solo te importa la edad.

Pero ni tan siquiera me conoces,
es como racismos o traición,
aunque es buena mi intención,
solo de los demás te dejas llevar.

Despues que te trate con respeto,
ni ha florecido la ilusión
aprovecha la ocasión
aunque no tengamos nada en concreto.

Ni que haya secretos,
solo quiero tu amistad,
no te dejes llevar por los demás
y aprovecha un poco más.

De los amigos de otros países
de la cultura y demás,
aprender no ha hecho daño jamás
es bueno comprender y entender.

457- Te crees la única

Dejare de decir mi amor, mi corazón,
mi vida, mi cielo, mi cariño
ya dejare de decirte cosas lindas
para que seguir, si todo me desprecias.
Pero no esperes cuando estés sola
y no encuentres palabras de cariño
por no superar como amigos
ahora no encuentras entenderme.
Los halagos son cosas bonitas
si no te gustan, no publiques,
si tu belleza es seductora,
como no quieres que cosas bonitas te diga.
Si tu pareja es celosa
y tiene miedo de un poeta te enamores,
pero si otros te dicen cosas chidas
a ellos no tiene temores.
A veces ni tu pareja te dice cosas bonitas
pero ellos si a otras se lo dicen,
tu creyendo que viven para ti
pero alrededor tienen miles.
A ti no te pueden decir cosas lindas,
pero tu pareja se lo dicen a millones,
piensas tu que eres la única
y viven en un mal de amores.

458- El tic tac se detuvo

Se apago la luz de mis ojos
la alegría de mi alma se esfumo,
ya no hubo más de tus sonrisas
se detuvo el tic tac de mi corazón.

El engranaje se ha roto
ya no hay más cuerdas que dar
se detuvo el mecanismo
y no hubo marcha atrás.

La distancia fue lo de menos,
la traición fue lo peor
ahora me echas de menos
solo buscaste tu dolor.

Volver conmigo, no pasara
ya las manecillas se detuvieron,
ni sombra serás para mi
el reloj ya lo movieron.

No hay quien lo arregle,
ni el más experto podrá,
perdido ha de estar
ese reloj no volverá a funcionar
es desechado en el basurero.

459- Gracias

Como la nieve que cae de prisa
y el viento que agita las olas
así es este amor,
que va cortándome a todas horas.

Es un diamante en bruto
como el mar con sus olas
no es amor inadecuado,
es como nudo con su soga.

Lléname de ti, a todas horas
que quiero sentir tus caricias
como el viento, con su brisa
para mí, eres encantadora.

No soy villano de la obra,
soy el galán que te ama
que siempre te aclama
cuando te dé, el sol, seré tu sombra.

Como el que canta y rie
así soy yo para ti, mi vida,
por tenerme a tu lado
y darme de tus caricias.

460- No hay nada

Que tonto es este amor;
donde no hay sentimientos,
donde no hay un buen cariño,
donde siempre hay aburrimiento.

Mas falso que el billete de cuatro
así es este amor, inmaduro
perdido entre cunetas
como cuero de canguro.

Es como dos desconocidos
en una relación insegura
como perdido en la laguna
esperanzas no hay ninguna.

Como gota en un desierto
así es este amor impuro
como lágrimas de cocodrilo
lo nuestro es inseguro.

Cada cual por su rumbo
alejado será mejor,
no hay chispa en este amor,
cada cual por su camino
eso sería lo mejor.

461- Siempre te recordare

Hay una tristeza en mi alma
desde aquel día que te fuiste
tengo un vacío, que no se llena
ya no siento caricias, ya no siento tus besos.

Un recuerdo queda en aquel retrato
el que me diste, siempre lo tengo
no podré olvidarte jamás
nadie ocupara tu lugar.

Madre que al cielo te fuiste
muchas alegrías me distes,
esos recuerdos nunca se olvidan
siempre estarás en mi mente.

Dura fue tu partida,
pero eso es parte de la vida,
dolorosa fue tu partida,
pero ese amor, nunca muere.

Ahora solo tengo tus recuerdos,
esos momentos gratos que me diste,
y como al cielo te fuiste,
también tengo tu retrato.

462- Mi dulce adicción

Mi mundo sin ti, que seria,
no sentiría nada en ti,
se quebrantará mi corazón,
o morirá de amor y agonía.

Mi amor lo eres tú, tú lo eres todo,
he sentido tu calor
tu alegría y tu consuelo.

Ahora eres la sangre,
que fluye por mis venas,
al palpitar de mi corazón,
el aire que respiro,
tu eres mi dulce adicción.

Eres mi admiración
mi chocolate de cada día,
eres mi dulce melodía
que toca a mi corazón.

Quitándome la depresión;
eres tú mi alegría
y el dolor que tenia
fue directo a la prisión.

463- **Tus labios II**

Tus besos quiero saborear,
esos labios lindos que me encantan,
labios tiernos que quiero besar
esos labios, sí, que me encantan.

Apretarte la cintura en cada mañana,
abrazarte fuerte mente,
tenerte siempre en mi mente
y besarte por todas partes.

Esos labios, sí, que me encanta,
me gustaría morderlos todo el día
besarte ardientemente y amarte en cada mañana.

Pintarlos de rojo, hermoso seria
para quitarlo con mis besos,
quiero sentir tus caricias
y que me estuvieras en tus brazos
para sí estar contento.

Abrázame y te besare
sueña conmigo y llénate de mí,
besar tus labios, eso yo quiero
y que tú te sientas feliz.

464- Mentiras venenosas

Ni una lagrima derrame por ti
y habrá silencio en mi boca
eres como una cabra loca
perdida y sin remedio.

Como telaraña en el cementerio
maltrecha y vagabunda,
tu eres una iracunda
que de lo malo siempre quiere.

Y a lo malo prefieres
como sapo en letrina,
no tienes luz divina
tu amor esta defectuosos.

Eres como perra sarnosa,
que tienes llagas por doquier,
todo lo tuyo es una mentira,
eres mala, eres cruel.

Como en el fango pantanal
así son tus mentiras
eres una culebra perdida
tus mentiras son venenosas.

465- Mis letras

Voy a tener que dejar de ser poeta
y quemar mis letras en el fuego
aguantar mis lagrimas para que no se apague,
y se consuman enteras, porque no las quiero.

Dejare mis versos sumergir,
y que lleguen en lo profundo del océano
que se pierdan como naufrago
con heridas graves y latente.

Que se pierdan en el oriente,
que lleguen vacías y sin amor,
que se pierdan en arenas movedizas,
que no floten jamás, en reino del amor.

Quizás mis letras las encuentres vacías,
porque tú no estás a mi nivel,
mis letras pisan más que un tren,
son más rápidas que un jet,
más que un trueno, sorprendente,
que parten como un rayo,
mis letras viajan por tus venas,
el ciego, más claro las puede ver.

Pero no, no hare que desaparezcan mis letras,
porque, para los gustos los sabores,

De la fuente de la vida, al susurro del viento.

para los que pintan, sus colores,
como carpintero con sus herramientas
que tienen caoba de las mejores,
y mis letras son como un jardín,
un jardín lleno de flores.

466- Tu lo quisiste II

Que pésimo fue tu querer
barato y vacío,
como lagrima de cocodrilo
perdida en tu padecer.

Agobiada hasta el atardecer,
hundida hasta el cuello
perdida y sin remedio
allí llego tu amanecer.

En la alcantarilla de la esquina
vagabunda y con dolor
no quisiste recibir mis consejos
y quisiste las drogas, para ti eran mejor.

Te aferraste a tus juntillas,
eso lo quisiste primero
mi amor no Valia un bledo,
porque en tu corazón había veneno.

Pero esa, fue tu decisión,
tu escogiste tu destino
te quedaste con ese placer,
por más que quise, no enderezaste tu camino.

467- Te dejaste

Te haces la sufrida
y dices que nadie te quiere
te crees la más grandiosa
pero tus amarguras son superiores.

Cada día cometes errores
y nada bueno quieres aprender
perdida y sin cascabel,
eres de las peores.

Como aliviaba y sus ladrones
así destrozaste muchas vidas
pero sin pensar que llegaría,
que nunca tendrías amores.

Tu codicia iba a peores
y no quisiste comprender
que nada te iba a suceder
y perdiste cosas mejores.

Ahora sufre con dolores
y no tiene a quien acudir,
perdiste tus amistades
porque el mal te fue a sacudir.

468- Busca lo bueno

Eres más falsa que el billete de quince,
tus caricias son sin sabores,
tus palabras son frías y amargas,
tu presencia son calambres y dolores.

Porque, regalaste tus gustos y sabores
a personas sin amores,
reventaste como un globo
y te quedaste con dolores.

Reparar las cosas, estas a tiempo,
to se puede solucionar,
en vida todo se puede,
en muerte nada puedes lograr.

Reflexiona y apártate del mal
gózate de lo bueno de la vida,
tus amigos siempre estarán
y varazo te darán enseguida.

Que no te aburra la vida
y busca un propósito para seguir,
llénate de las cosas buenas
y que el amor vuelva a seguir.

469- Esfuérzate

Que feliz hoy me siento
al salir de tu vida
eres como carne podrida
echada a perder.

Como mango en su sartén,
caliente vil y víbora,
como campana de cascabel
tu vida es insegura.

Estas acabada y perdida
ya no sabes a donde ir,
mi amor lo despreciaste
y me querías también hundir.

En vez de quitar esa agonía que tienes,
preferiste ir a morir
tu corazón agobiado sufrir
qué triste es tu a lejanía.

oye, no hagas tu partida
en las cosas engañosas
esfuérzate en la vida,
se una de las victoriosas.

470- No arruines tu vida

Tus mentiras me agobiaron
mi corazón mucho sufrió
decepciones cada día
pobre es tu condición.

Herida y en perdida
se fue agobiando tu vida
una triste despedida
esa fue tu decisión.

Perdida y sin amor
tu quisiste esa vida,
entre lujos y pasiones
se fue acortando tu vida.

Pronto busca una salida
pero el suicidio no es la solución
todavía hay personas que te quieren,
ve y busca su perdón.

Aunque ya hayas sufrido
tienes mi perdón,
pero, la confianza, no será la misma,
pero te deseo lo mejor.

471- Enamorado de ti III

Donde está la niña de mis ojos,
de esos ojos que enamoran,
déjame besar tu boquita
que quiero estar contigo a todas horas.

Deja que pongas mi oído en mi pecho
quiero sentir tu latir,
quiero besarte por todo tu cuerpo,
en mi pecho te quiero sentir.

Besarte con locura,
amarte con pasión,
apretarte la cintura
en la esquina de tu habitación.

Me enganchaste en tus labios
con la furia de mis deseos
te lo digo cantando,
eres la fuente de mis deseos.

Por eso estoy contento
de ti estoy enamorado,
contigo siempre a tu lado,
para contigo siempre vivir.

472- Tu almohada

Quiero ser la razón de tu alegría
el motivo de tus ansias,
la adición de tu cuerpo,
el cantar de tus alegrías.

Quiero que seas mi poesía,
quiero que seas mi enamorada,
ámame vida mía,
suéñame en tu almohada.

Quiero estar junto a ti
tarde, noche y madrugada
que seas mi enamorada
y que estés junto a mí.

Seré yo tu sendero
yo seré tu amanecer,
tu amor siempre tener,
a tu lado encadenado.

Contigo siempre atrapado,
estar en tu mente latentemente,
siempre en tu corazón presente
y estar contigo a tu lado.

473- Aprovechando

Soñé contigo aquella ve
hoy volví a soñar,
mañana soñare de nuevo
por qué contigo siempre quiero estar.

Aunque estemos a distanciados
siempre debes recordar,
que este amor es tan bonito
lo tenemos que cuidar.

Cuídalo mientras dure
alégrate y gózate más,
es mejor tener a alguien que te cuide
y que alegre tu corazón.

Pero, ahora dices que me dejas,
y no das explicaciones,
te dejaste llevar por los demás,
que viven en callejones.

De ser feliz, aunque sea por un tiempo,
de sentirte amada, ahora perdiste,
este querer, lo sacudiste,
de las estupideces de lo demás, te envolviste.

De la fuente de la vida, al susurro del viento.

Aprovecha un amor a distancia
no importando lo que pase,
lo importante es pasarla bien,
de estar contento y felices.

474- Eres mi provocación

Te daré masajes en los pies,
en la espalda y en la boca,
te daré masajes por todos lados
porque al mirarte me provocas.

Un beso, un lloro, un querer,
besar tus manos, también tu boca
lléname de tus caricias,
yo sé, que por mi está loca.

Dame tu vida, dámela ahora
porque para mañana se te agota,
dame tu cariño, dame tu boca,
lléname de ti, cosita loca.

Tu eres la sensual, la que me provoca,
la que llena mi vida loca,
con tus palabras y tus caricias,
jamás estarás sola.

Te amare por siempre y para siempre,
juntos calientito los dos,
llenos de alegría y de mucho amor
yo estaré contigo, eres mi provocación.

475- Mi bella locura

Que bella es tu sonrisa
que hermoso es tu cuerpo,
amarte toda la vida
y besarte a cada rato.

Te amo, con locura loca
solo tu eres mi existir
nunca estarás sola
porque yo soy tu vivir.

Así seguiremos en la vida
entre las piedras y la arena,
juntos en las buenas y malas,
un amor que no se acaba.

Te hare café, helado y biscocho,
muchos dulces en el paladar
y en la playa poder nadar
llenándonos siempre de gozo.

La luna con sus estrellas
tan linda y tan bella,
así eres tú, mi doncella,
más hermosa que las flores.

476- Nosotros

Dejare en tu mano, mi corazón,
dejare mis sentimientos en tu pecho,
dejare en tus labios, mis besos
y quererte es lo que quiero.

Viajé en el mar abierto,
allí vi un despertar,
la luna que me decía
tu doncella es amiga mía.

Es mi princesa, la reina perfecta
caminando derecha y hacia la dirección,
por el rumbo perfecto,
que es en mi corazón.

Dándonos amor y mucha alegría
con la rumba y el güiro se forma
este amor que se transforma
en un alegre vivir.

Y nosotros, juntos estaremos
en la barca que se remonta,
viajaremos por el mudo,
amarnos, es lo que importa.

477- Mi gran amor II

He pensado mucho en ti,
en cada momento te tengo en mi mente
quiero estar en ti presente
y que seas solo para mí.

Si amor, siempre serás para mi
porque eres lo mejor que me ha pasado,
mi corazón siempre a tu lado,
y contigo por siempre vivir.

Tu y yo por siempre,
viajando por muchos lugares,
unidos, lleno los corazones
de un amor que no termina.

Mi amor por ti, es increíble
espero que me ames de igual manera,
abrazarte todo lo que yo quiera
y no poderme separar.

Eres la mujer más grandiosa
lleno de amor y de censura,
porque tu amor es imborrable.

478- Se fue II

No juegues con mis sentimientos
que yo sufro también
no soy de palo, ni de yeso
y merezco amor conseguir.

Amo la vida, amo vivir
pero los latigazos de la vida
me hacen sufrir,
por personas como tú,
ya no puedo seguir.

Se me apaga el amor
y el interés de amar,
mi amor por ti, se fue a la mar.

Muy lejos se fue
este amor que tenía,
se fue en la a lejanía,
sin rumbo se fue a morir.

Ya no hay más que discutir,
tu traición, no la puedo digerir,
por eso se fue de mi existir,
el amor que por ti sentía.

479- Tu sonrisa es mía II

Tu sonrisa me cautiva,
quiero saber a qué huele,
déjame sentir tus manos
y curarme donde me duele.

Siente mi pecho, siente mi aliento
mírame a los ojos y dime lo que sientes
háblame con dulzura, dime que me adoras,
para besar tus labios, sentirte candente.

Piérdeme en tus sueños
y en tu mirada profunda,
cuando veas las estrellas,
cuando estés en la ducha.

Cuando te mires en el espejo,
cuando te toque la brisa,
piensa en mí, nena,
mía es tuya, tuya es mi sonrisa.

Contigo estaré siempre
y en tu diario vivir
eres lo más que deseo,
tú eres mi existir.

480- Amor perfecto

La flor de un perfume
de la rosa que te de
llévame contigo
porque tu cuerpo quiero tener.

Flor de mi jardín florido
más puro que el aceite de oliva,
tu amor que he querido,
tú eres mi hermosura.

Tu perfume que quiero oler,
tus besos que quiero sentir,
eres mi estrella, eres mi lucero
y al verte, mi corazón haces latir.

Un beso en tus labios
y hablarte al oído,
decirte cosas lindas
y que siempre estaré contigo.

Amor de chiquillos,
amor descontrolado
un amor como el tuyo
es un amor de enamorado.

481- El rojo

Me gusta el rojo de tus labios,
me gusta el rojo de tu vestido,
me gusta tu mirada,
ahora sí, siento tus latidos.

Ese rojo en tus labios
hace resaltar tu sonrisa
mi corazón late de prisa
y tu amor me llega la brisa.

Que maravilloso son tus labios,
tu belleza espectacular,
que cuerpo tan hermoso,
que confunde mi pensar.

Mi corazón hace temblar,
tus palabras me enloquecen
eres fragancia, eres mi placer
tu eres lo que me enloquece.

Que mirada impresionante,
tu eres alucinante
estas en mi mente latente,
con esos labios rojos, no podré olvidarte.

482- Tu mirada de coqueta

Tu suspiro me congela,
tu sonrisa me vuelve loco,
tus caricias me ponen en vela
pero yo soy el que te vuelve loco.

En la piña y agua de coco
sabroso el manjar de tus labios,
tu cuerpo quiero atraparlo,
tus labios me vuelven loco.

Sentir tus labios en mi pecho
y las mías en tu pecho, caricias a todo dar
que sabroso, estar en tu lecho.

Un beso eterno, una mirada coqueta,
entre sabanas y risas
tus labios de cereza,
llenándome cada día
de un amor que progresa.

Tu y yo junto para siempre
entre gritos y llantos dormir,
repeticiones cada noche
qué bueno tu amor sentir.

483- Eres mi presente

Cada día quiero estar junto a ti
y navegar tu cuerpo, como piloto
tu eres mi flor de loto,
tú serás siempre para mí.

Refugiarme siempre en ti
y besarte en todo momento
aunque ande por el desierto
tu siempre serás mi pensamiento.

En tus ojos que reflejan luz
y tu sonrisa la que me enloquece
este amor crece y crece,
y tú eres la flor, la que embellece.

Y la felicidad que te merece
junto siempre de la mano
estar siempre a tu lado
contigo me siento renovado.

Quedo a tras mi pasado
y ahora tu ers mi presente,
con tu nombre en mi mente
ahora estoy transformado.

484- Te pintare

Pintare tu cuerpo con mi pincel
escribiré poemas y poesías
para que me leas cada día
y siente en ti mi placer.

Como suaves han de ser
esos labios de morfina,
que me paraliza enseguida
y fluye por todo mi ser.

Como tu amor ha de ser
mío y solo para mí,
como así, yo soy tuyo
tuyo, así ha de ser.

Como el roció y la miel,
como el sol en la mañana,
aunque estés más allá de la montaña
desde allá te seré fiel.

Con mis versos en tu piel
y mis caricias en tu cuerpo
amarte, me deleito,
eres mi bombón, chocolate y miel.

485- Provocación

Me debes un beso y un retrato
unas caricias y tu calor,
me debes un abrazo y tu sonrisa,
pero lo que quiero, es tu corazón.

Tu amor es lo que quiero
quiero serte feliz,
quiero besarte a cada rato
y no hacerte sufrir.

Estar contigo, eso quiero
besar y sentir tu latir
amarte, siempre prefiero
y que tú seas mi vivir.

Deseo tus labios sentir
a cad hora, a cada instante
mi corazón, late y late
cada vez que estoy junto a ti.

Gozo hay entre los dos
un amor insuperable
gotas de una seducción,
que se provocó en aquel instante.

486- Un buen masaje

Te daré masaje en tus manos
en el cuello y en tus labios,
masaje por todo tu cuerpo,
masajes a todas horas.

Te hare cosquillitas en la espalda
en la espalda y en tus piernas,
te hare cosquillitas en todas partes,
porque al estar contigo, te sonrojas.

Te besare en los labios, en tus mejillas,
te besare despacito,
con mucho cariñito,
te besare sin disimulo.

Te apretare por el cuello,
te apretare tu cintura,
te apretare muy fuerte
para darte mi sabrosura.

Te daré y me darás
besos y caricias, amor y felicidad
nos daremos en todo momento,
amor que dure una eternidad.

487- Saborearte

Dejaré en tus labios plasmados
un poema que te derrita
apretaré tu cinturita
y besaré esa boquita.

Como si fuera chocolate,
como si fuera caramelo,
como si fuera aguacate,
así mi amor, por dentro late.

Como pinzas de alicate
pinchando va por dentro
para que no haya hemorragia
y me desangré por dentro.

Pero como tu amor es mi medicina
que restaura mis heridas,
por eso en mis labios delira,
en chuparte como vampiro.

Que sabroso es besarte,
que delicias es sentirte,
tu amor es el más bello
que mi corazón ha podido sentir.

488- Eres mi rosa

Mi corazón tiene tu nombre,
mi alma tus apellidos,
mi mente tiene tu cuerpo
y al verte pierdo los sentidos.

Que locura siento por dentro
al sentirte al lado mío
eres la flor más perfecta
y te arropo cuando tengas frio.

Yo soy tu jardín, tu mi flor,
yo soy las hojas, tu mi árbol,
yo soy tu abrigo en momentos de fríos
y también tu cariño amor mío.

No hay desiertos en este amor
siempre hay flores y rosas,
un amor incomparable,
un amor donde siempre se goza.

Como vuela las mariposas;
yo seré tu espadachín,
tu siempre serás mi rosa
y posas en mi jardín.

489- Todo tuyo

Dispárame a besos
atrápame en tus redes
llévame en tu lecho
pero no viendo las cuatro paredes.

Que sea gozoso este amor
como fuegos artificiales
que se escuche el bum, bum
y luchar como artes marciales.

Te daré latigazos, con mi pupilo
y te azotare en cada noche,
grita, gime y no calles
saborea el helado y la leche.

Sé, que te gusta la barquilla
derritiéndose en la boca,
como corre por tus pechos
y es de leche, que esta echo.

Yo soy tu mango, soy tu mangó
agárrame fuerte y no te sueltes
tu eres mi jinete y yo tu caballo,
mira que grande, es tu suerte.

490- La adicción

Me has robado un beso
en aquella noche triste
lágrimas en mis mejillas
hay supe que me quisiste.

Llegaste en el momento oportuno
cuando mi mente estaba vacía,
cuando no sentía esperanza
tu alegraste, la vida mía.

Que alegre me sentí aquel día
cuando se nublo mi visión
renació mi ilusión,
en aquella amiga mía.

Que no me dijo que me quería
y no demostró ese amor,
yo pensé que no me quería
pero no quiso causarme dolor.

Hay amigos que se quieren mucho
y no quieren demostrar su querer
para no dividir la amistad
y perder para siempre ese querer.

491- No lo apagaran

Siento tu aliento a cada hora,
tu sonrisa a cada momento
y lo que yo siento dentro
es una alegría que no se apaga.

Ni con agua se evapora,
un amor que arde en llamas,
ni los bomberos, ni las cascadas
apagaran este fuego eterno.

Por qué los dos estamos hechos
de diamante de pura cepa,
ni el volcán más candente,
apagara este amor pa´ que lo sepa.

Un amor que tiene a Dios
es más fuerte que mil ciclones,
ni los vientos, ni los halcones,
me arrebataran lo que siento por dentro.

Mi amor por ti, mi flor bella
es más caliente que cien volcanes,
la más bella de mil rosales, eres mi flor,
eres mi luna, este amor no tiene rivales.

492- Que buen día

Deja que te lleve el viento
y te arrastre hacia mi
para besar tus labios
y llenarte de mí.

Yo soy el gavilán, tu príncipe
que no tiene oro, ni corona
soy tu hombre que tedio amor
en aquella noche de la aurora.

Campanas se escucharon aquel día,
fue una alegría sin igual
entre el viento y la mar
que campanazos sonaron aquel día.

Entre la rosa y el clavel,
entre ruidos y algarabía,
risas por doquier,
fue rico aquel día.

Que amor tan exquisito
cuando se juntaron nuestros cuerpos
hubo relámpagos, truenos y centellas
y hubo noche con estrellas.

493- Tu mirada III

Piensa en mí en todo momento
quiéreme mi dulce amada,
contigo me siento contento
quiero estar en tu mirada.

Palpita mi pecho al mirarte
hierve mi sangre al tocarte,
se agita mi corazón
cada vez que quiero hablarte.

Que sensación, siente mi estomago
que sentimientos descontrolados,
mi mente se pone en blanco,
cada vez que estoy a tu lado.

Que nervios, tan nerviosos,
mudo se queda mi paladar
eres la cosa más hermosa
que Dios me ha podido amar.

Calambre en mi cuerpo siento,
es que tu belleza me hipnotiza,
me quedo como estatua
y todo mi cuerpo se paraliza.

494- No cambiara

Se repite una y otra vez
una historia inolvidable,
más fuerte es tu querer
que se repite a cada instante.

Sonando al tic tac del reloj
como una buena melodía
tu amor es mi alegría
y yo soy tu sendero.

Tu amor en mí, es lo primero
como cascada hermosa del atardecer,
siempre serás mi querer
de mi jardín, la más que quiero.

En mi corazón eres lo primero,
eres más dulce que la miel
para siempre serás mi querer
sabes que te amo con esmero.

Pasan los días, pasan los años
y mi amor por ti no cambia
como si no pasaran los tiempos
este amor está atado por nuestras almas.

495- Gran engaño

Te has metido en mi mente
y no dejo de pensar en ti
mi corazón está latente
y tu cuerpo quiero descubrir.

Sueño contigo en cada noche
viendo tu cuerpo surgir,
como soñar no cuesta nada
en tu cuerpo quiero seguir.

Aunque en persona no lo he visto,
por tus fotos me dejo llevar
pero al descubrir que era foto shop
de los cielos me hicieron bajar.

Que malo cuando se enamora
y de la que era, esa no es,
las expectativas se pierden
y empeoran cada vez.

Tantas horas perdidas
pensando en ese querer
sueños e ilusiones
a la mar se fueron a perder.

496- Yo plasmado en ti

Pondré poesía en tu boca
y en tus labios un poema
este poeta que te ama
te leerá a cada hora.

Eres mi luna, eres mi flor,
mis letras escribo sobre tu piel
para leerte día y noche
y darte mi querer.

Un poema cada mes,
un verso, una poesía
en tu cuerpo vida mía
allí plasmare mi querer.

Letras de dulce sinfonía
escritas con pasión y devoción,
para un ángel, una diosa, una reina
te las escribo con mucha emoción.

Te amo y siempre te amare
eres la rosa más perfecta,
tu eres mi luna
la que siempre yo tendré.

497- Amor divino

Cada vez que suspiro, pienso en ti,
cada vez que respiro, sueño contigo,
cada vez que te veo, me enamoro mas
y cada vez que digo tu nombre,
contigo siempre quiero estar.

Tu eres mi deliro
la fuente de mi querer
amarte será mi deber
y estar contigo junto al rio.

Desearte en mi suspiro,
y suspiro por tu amor
ya no tengo más dolor
cada vez que estoy contigo.

Eres mi amor divino
como manjar en mi boca
yo soy quien te vuelve loca
cada vez que estás conmigo.

Un amor flechado y no fue cupido,
un amor sin rechazo,
un amor divino.

498- Para ti

Que delirio tengo por ti
que ansias tengo de amarte
todo el día quiero acariciarte
y llenarte siempre de mí.

Como aquí canta el coquí
y yo soy puertorriqueño
como jibaro de monte adentro,
este poema es para ti.

Del llano y cuesta arriba
dio el gallo su cantar
de mi isla, donde nací
hoy te puedo dar.

Una serenata a lazar
con guitara, güiro y maracas
aunque este lejos, tu amor me atrapa,
este poema te he de dar.

Para tu gusto y paladar
este jibaro tiene maña,
con los colores que encantan
este puertorriqueño es para ti.

499- El canto del poeta

Ella lloraba poesía
los que yo les escribí en su piel,
poemas, versos y filosofía
por sus mejillas se dejan ver.

Unas letras que se formaban
en melodías filosóficas,
versos, los más hermosos
de este humilde poeta.

Cada vez que le escribía a mi amada,
cada vez, ella lloraba
de una inmensa alegría,
por sus mejillas bajaban.

Eran letra de poeta,
letras de amor y poder,
letras que emocionaban
a todo aquel que pueda leer.

Ella lloraba filosofía,
ella lloraba melodías de pasión,
cada vez que ella lloraba
se formaba una nueva canción.

500- Ámame a tu manera

Aráñame como gata
brinca en mí, como tigresa
abrázame como un oso
y ámame a la francesa.

Bésame a lo italiano,
hazme el amor a lo portugués,
acarícìame a lo mexicano
y tócame a lo japonés.

Ámame a lo brasileño,
escríbeme a lo holandés,
mírame a lo coreano
y deséame una y otra vez.

Así es el cariño que me tienes
y puertorriqueño siempre seré,
pero hazme el amor a tu manera
que con gusto lo recibiré.

Hazme tuyo, loquita mía
mi nena, mi bebe,
lléname de tus caricias
pero ámame de una vez.

De la fuente de la vida, al susurro del viento.

De la fuente de la vida, al susurro del viento.

elsuperescritor@gmail.com

elmagodelasletras1@gmail.com

8/18/2021

Director y autor gráfico y productor de esta obra:

Antonio Guerra Colón=Zicaika Sloeez Pabai

Tony Colón=Zejit Bou

Poemánticos

De la fuente de la vida, al susurro del viento.

Printed by Books on Demand GmbH, Norderstedt / Germany